FÓRMULA PARA LANZAMIENTOS

Helio Laguna

Título: Fórmula Para Lanzamientos

© De los textos: Helio Laguna

Ilustración de portada: Helio Laguna

Revisión de estilo y Maquetación: www.escritoyhecho.com

1ª edición

© 2017, Helio Laguna

¡¡IMPORTANTE!!

No tienes los derechos de Reproducción o Reventa de este Producto.

Este libro tiene © Todos los Derechos Reservados.

Antes de venderlo, publicarlo en parte o en su totalidad, modificarlo o distribuirlo de cualquier forma, te recomiendo que consultes al autor.

El autor no puede garantizarte que, los resultados obtenidos por él mismo al aplicar las técnicas aquí descritas, vayan a ser los tuyos.

Básicamente por dos motivos:

> 1. Solamente tú sabes qué porcentaje de implicación aplicarás para implementar lo aprendido (a más implementación, más resultados).

> 2. Aunque aplicaras en la misma medida que él, tampoco es garantía de obtención de las mismas ganancias, ya que, incluso podrías obtener más, dependiendo de tus habilidades para desarrollar nuevas técnicas a partir de las aquí descritas.

Aunque se han tomado todas las precauciones para verificar la exactitud de la información contenida en el presente documento, el autor y el editor no asumen ninguna responsabilidad por cualquier error u omisión. No se asume responsabilidad por daños que puedan resultar del uso de la información que contiene.

Así pues, buen trabajo y mejores Éxitos.

TABLA DE CONTENIDOS

Cada vez que empiezo leer un libro, lo primero que veo son los créditos, los reconocimientos de personas que no conozco, las historias del porqué o cómo de ese libro, etc.

En numerosas ocasiones he dejado de leer, porque pasan 100 páginas antes de que pueda entrar al tema por el cual compré el libro.

Aquí no te aseguro que no va a ser así, porque desde YA, vamos a ir directamente al grano.

Helio Laguna

INTRODUCCIÓN

Hola, te saluda Helio Laguna y te quiero dar las gracias por estar aquí y ahora, dedicándome una valiosísima porción de tu tiempo.

Quiero darte la enhorabuena por tu decisión de adquirir este libro, pues en él te voy a develar cómo hacer lanzamientos a la velocidad de la luz.

Hay 10 tipos de lanzamientos y aquí vas a ver cómo se hacen los vídeos de contenido, cómo hacer el vídeo de venta y un ejemplo real de cómo se hace un lanzamiento con resultados espectaculares explicado por su autor.

¿Por qué te estoy enseñando yo cómo hacer lanzamientos?

He formado parte de dos lanzamientos de seis cifras, es decir, que vendieron más de 99.999 dólares, realizados con afiliados.

He participado también como afiliado en los últimos grandes lanzamientos del mercado hispano, desde hace cuatro años participo en lanzamientos y durante este tiempo tuve la obsesión de llegar a ganar uno de estos lanzamientos.

Había ganado algunas cosas con pequeños afiliados, pero hace cuatro lanzamientos gané el primero con súper afiliados.

El siguiente lo volví a ganar con todos los grandes "marqueteros" del mercado hispano, así como el siguiente y el último, esta vez con resultados espectaculares: 131 ventas únicas del programa, 41 ventas más que el segundo lugar y más del doble que el tercero, que era un equipo de dos personas.

Fueron más ventas combinadas que las que hicieron las siguientes diez posiciones; fue una forma de arrasar y te voy a explicar la estrategia que utilicé, pero enfocada a tus lanzamientos para que sean exitosos.

Recientemente, hice un lanzamiento desde el teléfono móvil y ahora te voy a enseñar a crear un producto de información en un solo día.

Es decir, en el mismo día hago los vídeos de lanzamiento, el vídeo de ventas y el embudo de ventas.

¿Estás listo/a?

Comenzamos...

MULTIPLICADOR DE LANZAMIENTOS

La aproximación que utilizo para promover estos lanzamientos, o la que utilicé para promover estos lanzamientos como afiliado, es similar a la que se requiere para crear uno.

Lo que hago es crear un lanzamiento paralelo o replicarlo.

Un lanzamiento consta de tres piezas de contenido y una cuarta pieza de venta.

Esto ocurre en un sitio web, con una página de captura, donde dejan su correo y dan a enviar.

Entran, dan con el primer vídeo y, por medio de un autorespondedor, los envían al segundo vídeo y así sucesivamente hasta llegar al cuarto, que es el vídeo de venta.

Este es el lanzamiento y lo hace el dueño del producto.

Replicar el lanzamiento o hacer lanzamientos paralelos es replicar en tiempo real esta misma historia en otros lugares, tomando, por ejemplo, estos vídeos y posteándolos en un sitio web o en Facebook.

También se pueden subir directamente los vídeos en Facebook, utilizándolo como si fuera tu autorespondedor.

Además, dando avisos como, por ejemplo, *"Atención amigos, a las cinco de la tarde voy a subir un vídeo que explica tal y tal cosa, estén atentos"* o, al día siguiente, *"Bueno, estoy muy contento amigos, ayer hubo 7 comentarios en mi perfil, hoy voy a subir el vídeo número dos..."*; estás utilizando Facebook para mantener una comunicación con tu audiencia, tal como ocurre por correo o por los comentarios que ponen debajo de los vídeos.

¿Qué pasa si estos vídeos también los subes a una página de fans? ¿O los subes a Google+?

Estás replicando también y tan solo estamos hablando, por ahora, de vídeos.

Ese mismo vídeo lo puedes poner en infinidad de sitios, en Twitter, en Facebook, en Google+... Las posibilidades son infinitas.

El vídeo es el primer activo, pero ¿qué pasa si, además, comenzamos a hacer webinarios o *Hangouts* con este mismo contenido?

Es decir, ahora vas a contar la historia en todos estos sitios: conviertes los vídeos en contenido escrito, no transcritos textualmente sino contando historias por medio del contenido escrito, y lo posteas en lugares ilimitados y ese vídeo lo conviertes en audio y nuevamente lo posteas, o tomas las frases más importantes y las conviertes en imágenes que puedes postear en una página de fans, en tu perfil de Facebook, en Instagram...

Estos vídeos, una estrategia que utilicé en el lanzamiento del club de inversionistas, también puedes convertirlos en reportes: haces el vídeo, lo conviertes en un libro, lo haces un reporte, este reporte lo posteas en infinidad de sitios y redes sociales...

Este contenido lo conviertes en distintos lanzamientos en varios lugares, y cuantos más, mejor.

Aunque el mensaje sea el mismo, con esto nos aseguramos de que llegue a la gente y, además, el contenido no es exactamente el mismo.

Lo que hacemos es vender el mensaje. Es lo mismo que hacen los políticos, repetir el mensaje una y otra y otra vez.

Es el poder que tiene la repetición, pero lo que vamos a hacer va a ser distinto.

Es decir, si mandas el vídeo sin más, esto va a quedar tal cual; pero cuando hagas un webinario usando el contenido del vídeo uno, será algo distinto; cuando escribas una publicación dando información de valor relacionada con el vídeo, también será muy distinto.

Si conviertes el vídeo directamente en audio, sí va a ser igual, pero si grabas un audio nuevo parafraseando el contenido del vídeo, también se ve distinto, y lo mismo pasa con las imágenes.

Reconfigura tu contenido a múltiples formatos y cada pieza distribúyela en sitios infinitos.

CÓMO CREAR UN INVENTARIO DE RECURSOS

En este capítulo vamos a ver cómo crear un inventario de recursos. ¿Qué es esto?

Coges una hoja de papel y escribes "inventario de recursos" como título. Luego pones "recurso" y "audiencia".

¿Qué es un recurso?

Es el sitio donde vas a poder promover tu lanzamiento, por ejemplo tu perfil de Facebook.

¿Cuántos amigos y seguidores tienes en tu perfil de Facebook?

Esa es tu audiencia, porque a ellos les llegarán las notificaciones de todo lo que publiques.

En mi caso tengo 5.000 amigos y 7.000 seguidores, lo que hace un total de 12.000 personas.

Las páginas de fans también son un recurso.

Tu página de fans tiene una audiencia determinada. En mi caso, por ejemplo, tengo, en mi página de fans Helio Laguna, 86.000 personas; en otra que se llama Tips millonarios, 120.000 personas; en Los visionarios, 70.000; y en Mente de rico, unas 30.000.

Tengo, además, otro perfil de Facebook con 5.000 personas, una cuenta de Twitter con 5.000 seguidores, 10 grupos en Facebook que he creado y, por lo tanto, puedo publicar y promover ahí mi siguiente lanzamiento. Tengo varias cuentas de suscriptores, como una de 170.000 personas, autoresponsedor o cuenta de suscriptores dos con 90.000, y así sucesivamente.

Que no te espanten estos números, lo que tú pongas, aunque tenga dos ceros menos, todo suma y va a ser importante para que termines con una audiencia.

Haciendo todo esto, aprovechando todos los recursos, porque sí tienes recursos, te aseguro que conseguirás una audiencia de más de 10.000 personas. Tómalo como un ejercicio y no te detengas hasta pasar de 10.000.

Pongamos que ya hiciste todo el inventario, pensaste durante dos, tres días, y, a pesar de ello, no logras llegar a 10.000 personas, entonces sigue con el paso número dos: audiencias y recursos de otras personas.

Esto es algo que he utilizado como arma secreta en algunos de los lanzamientos que he hecho. Por ejemplo, una vez le pedí ayuda a mi amigo Alexis Santillán, de la página de fans El poder de los negocios, que tiene 250.000 fans, con el concurso de *optins* en el curso de mercadeo global. Me ayudó, gané un dron y dividí ganancias con él, pero fueron recursos de otras personas.

En este último lanzamiento, cuando las cosas estaban complicadas, le pedí a mi amigo Omar Alcaraz, quien tiene una pequeña lista de suscriptores, que me echara una mano, proponiéndole que me enviara un correo con mi link de afiliado, que utilizásemos un sistema de *tracking* para saber qué ventas eran de su lista y yo le daba todo el dinero.

Por amistad no quiso hacer eso, pero sí envió el correo con el link. Aunque no supimos cuántas ventas fueron, yo calculo que a lo mejor fueron de tres a cinco ventas porque su lista es muy pequeña, ese recurso sumó.

Por lo tanto, si estás en algún grupo, pides permiso al administrador y le explicas qué quieres hacer: "Mendoza, oye estoy haciendo un lanzamiento. ¿Me dejas subir este reporte? Mira, voy a subir cuatro reportes, velos, son inofensivos, están dando contenido de valor y al final hay un enlace para que se registren a mi embudo, revísalos".

¿Acepta?

Genial; si no, vas al siguiente grupo en el que estés o grupos que no creaste pero, por alguna razón, eres administrador y le puedes pedir permiso a la persona que te invitó a serlo ofreciéndole el cincuenta o el cien por ciento.

¿Y por qué harías la locura de dar el cien por ciento?

Porque todas esas ventas, en el caso de que seas un afiliado de lanzamientos, suman para que tú ganes el lanzamiento.

Además, a estas personas les vas a entregar un bono y, cuando lo hagas, les puedes pedir el correo electrónico para recibirlo y, al mismo tiempo, estás creando una lista de compradores. Y un comprador es veinte veces más poderoso que cualquier suscriptor.

Como es tu lanzamiento, le puedes decir, como a cualquier afiliado: *"te doy una comisión del 50 %, o te doy el 100 %"*; no importa porque tú estás creando una lista de clientes a los que les puedes promover tus próximos lanzamientos y en el supuesto de que nadie compre, él te está enviando tráfico y estás creando una lista de suscriptores gratis con la promesa de que le darás el 100 %.

Puede suceder que no vendan nada, en este caso tú recibiste suscriptores. O quizás se vendió algo, tú recibiste suscriptores, él ganó dinero, quedó feliz contigo y, en el siguiente lanzamiento, va a estar dispuesto a volverte a promover porque va a ganar dinero sin tener que hacer nada.

Por lo tanto, junto al inventario de recursos propios, van a hacer un inventario de recursos de otras personas, van a buscar estas alianzas y, así, van a llegar fácilmente a 20.000 o 30.000 de audiencia. Esto quita la gran objeción: no puedo hacer un lanzamiento porque no tengo lista de suscriptores.

QUÉ ES UN LANZAMIENTO

Un lanzamiento es un evento que ocurre en el tiempo, con un inicio y un término.

La compañía Apple fue sorprendente con esto, con la forma en que manejan los lanzamientos. Inventan cuándo va a salir un nuevo iPhone para confundir a las personas, imágenes de cómo podría ser ese iPhone, prototipos de cómo podría ser ese iPhone...

Y siembran, literalmente, estos prototipos en diversas partes: en un baño de una gasolinera de cierto lugar, como si fuera un documento perdido por un ejecutivo de la compañía; lo mandan a ciertos reporteros, a ciertas personas que tienen un blog y que se van a encargar de especular, de decir *"mira cómo va a ser el nuevo iPhone, va a ser esto y parece que va a ser esto, parece que esas dobles camaritas van a grabar en 3D"*, o *"qué locura va a ser, parece que tiene impresora 3D"*. Todo eso crea curiosidad.

Luego veremos estas fases al detalle, pero esa fase se llama pre lanzamiento, y consiste en crear una especie de intriga por saber qué es lo que viene. En el caso del iPhone sí sabes que es el iPhone, pero no sabes cómo es; en el caso de tu producto de información, tú vas a sembrar la intriga de que algo grande viene.

Entonces, un lanzamiento es un evento que ocurre en determinado tiempo.

Además, durante este tiempo tienes que contar una historia y mantener una conversación con las personas.

Algo muy importante de los lanzamientos es que tienes el vídeo y, debajo de este, debes tener los comentarios de Facebook, porque tú quieres saber qué es lo que están opinando las personas del contenido que estás dando.

Entonces, tienes que mantener esa conversación con las personas, pero no simplemente contestarles en el vídeo, sino que, si te es posible, y esto es algo que tienes que saber hacer, encontrar las objeciones en tiempo real y tratarlas en tu siguiente vídeo.

Esto es algo poderosísimo de los lanzamientos. Si mantienes esta conversación con las personas vas a poder encontrar cuáles son sus objeciones y tratarlas y rebatirlas en el siguiente vídeo. Puedes imaginar cuáles van a ser las objeciones y grabar el contenido por anticipado, pero es mucho más poderoso que en tiempo real veas cuáles son las objeciones de las personas que están ahí para comprarte, cuáles son las objeciones de tu comprador. Veámoslo ejemplificado en una analogía:

Imagínate que estás haciendo un *open house* para vender una casa.

Invitaste a 30 personas y presentas la casa. Después les das una hora para que vayan a la cocina y tomen lo que quieran.

Tú no puedes estar ahí, escuchando lo que están platicando, pero imagínate que, entre esos invitados, hay 10 personas a las que tú invitaste para que escuchen qué están opinando de la casa, del precio, de qué le falta a la casa...

Ellos recaban toda esta información, todo lo malo, todo lo bueno, se reúnen contigo antes de que salgas a dar la presentación y te explican sus reacciones. A partir de eso, lo que es malo puedes minimizarlo o explicar cómo se va a solucionar.

Comienzas tu charla y les dices: *"Hay una pared que está craqueada, esa obviamente la vamos a cambiar por una nueva, ya mañana viene la persona. La cocina también la vamos a cambiar, te la vamos a entregar buenísima"* y resaltas todo lo bueno que te dijeron tus infiltrados.

Con tu lanzamiento debes hacer algo similar.

Saber qué es lo que les está fascinando y decirles: *"sabes que adentro va a haber mucho más de eso."*

Y conocer lo que vean como un impedimento para ser parte del programa para decirles: *"el programa que te voy a vender no tiene eso, en el programa que te voy a vender eso está de más, eso no existe, eso lo vamos a quitar, no tienes que lidiar con eso".*

Si me dicen en los comentarios, por ejemplo, *"Yo no puedo hacer un lanzamiento porque no tengo lista de suscriptores",* en el siguiente vídeo respondo:

"¡Lo bueno de esto es que no se requiere lista de suscriptores!

Te va a encantar, te voy a enseñar cómo tener una audiencia de 20.000 personas a las cuales les puedes vender, y que esté más enganchada que si fueran 20.000 suscriptores porque hoy por hoy los suscriptores te abren el 5 % nada más.

Quiere decir que, si tienes 20.000 suscriptores, en realidad vas a tener a 1.000 personas que estén viendo tu lanzamiento, pero con la estrategia que te voy a dar, te voy a enseñar cómo llegar al menos a 20.000 personas, te va a encantar ser parte de este entrenamiento y si no tienes lista de suscriptores, entonces agradécelo, porque si la tuvieras estarías en tu zona de confort, harías tu lanzamiento, lo verían 1.000 personas y de estas 1.000 personas solo el 5 % darían clic en tu enlace, llegarían a 50 personas su embudo y no venderías absolutamente nada.

En cambio, por hacer el ejercicio de encontrar tu audiencia, vas a encontrar a 20.000 personas que vean tu lanzamiento porque lo tienen que ver, porque está ahí en Facebook y no hay otra cosa.

Te voy a enseñar la estrategia del multiplicador de lanzamientos, cómo, si estás en 10 sitios, al menos te tienen que ver en 3 y cómo eso es mucho más poderoso que un simple correo electrónico".

Pero no podría haber dicho eso si no me hubiera enterado de los comentarios, si no hubiera mantenido esta conversación.

Si hubiera grabado los vídeos por adelantado, sin saber, puede que no me compren mi programa porque el 99 % de las personas que estén viendo el vídeo no tienen una lista de suscriptores y quizás piensen que no les va a funcionar.

En cambio, así me enteré de que 30 comentarios hablaban sobre este problema, en el siguiente vídeo traté esa objeción y vendí como loco.

Tienes que averiguar qué es exactamente lo que quieren, incluso hasta el extremo de que si estás planeando vender algo y te enteras de que lo que quieren es otra cosa, cambiar y venderles lo que ellos quieren. No hay nada mejor que preguntarle a alguien qué quiere y vendérselo.

Otro ejemplo: estoy haciendo un lanzamiento de una plataforma sobre cómo hacer webinarios, pero me entero en la conversación de que lo que quieren es un entrenamiento, saber cómo crear la presentación para dar ese webinario.

Puedo hacer un *switch* y lo que les vendo es un entrenamiento sobre cómo crear una presentación poderosa para el webinario, darles dos cosas, o venderles la plataforma y darles como bono esa presentación.

Ahora que ya sé qué bono quieren, sé qué les puedo vender.

Averigua entonces qué es lo que quieren y véndeselo, mantén una conversación con tu audiencia.

FASES DE UN LANZAMIENTO

Pre Pre-lanzamiento

Ahora vamos a ver las fases de un lanzamiento. Son siete: la primera fase es el pre pre-lanzamiento, la fase que les decía que hace de manera magistral Apple, que, creando confusión, curiosidad e intriga sobre cómo va a ser el nuevo iPhone y creando algo que se conoce como bulla, logran que las personas comiencen a hablar de eso.

Puedes hacer esta fase tres o seis meses antes de tu lanzamiento.

Una ocasión en la que la utilizamos de manera magistral fue en el lanzamiento de *Los Originadores*, un documental que nosotros llamamos una versión avanzada del documental del secreto, que hicimos Lázaro Bernstein, Mario Corona, un servidor y dos personas más.

En este documental se nos ocurrió, para crear toda esta bulla y curiosidad, abreviarlo como Los O's, y suena como *El mago de Oz*.

Entonces, hicimos esta campaña de pre pre-lanzamiento: "¿Qué son Los O?" y entrevistamos a los grandes marqueteros del mercado hispano.

Fuimos a un evento en Tampa donde estaban todos y les preguntábamos qué son Los O y ellos respondían: *"Me suena que son los orangutanes"* o *"me suena que son los obesos porque Helio está obeso"* o *"me suena que son nada, que son los ocultos, los o me suenan que son los otros"*, etc.

Ellos tampoco sabían lo que eran cuando grababan el vídeo. Entonces creamos esta serie de vídeos, alrededor de unos veinte vídeos, hasta hicimos que Frank Kern dijera: *"¿Qué son Los O?"* y los difundimos por la red alrededor de cuatro o cinco meses antes.

Logramos crear una verdadera esquizofrenia en las personas. Muchos se enojaban con esto y nos pedían que les dijésemos ya de qué se trataba.

Tú puedes hacer exactamente lo mismo, crear esta bulla, hacer que las personas hablen, crear esta curiosidad para que sepan que se viene algo grande, aunque no sepan el qué.

Además, todo esto nos permitió crear una lista de más de 5.000 personas que compartían estos vídeos a través de un botón para compartir en Facebook hacia una página de captura. Vídeos que ni siquiera tenían contenido de valor, no se enseñaba nada, solo creaban expectación, y aun así, se creó una lista de 5.000 personas.

Otra estrategia que utilizan en el mercado hispano es crear un entrenamiento.

Por ejemplo, para el Club De Inversionistas de Hyenuk Chu y Sebastián Foliaco.

Hyenuk Chu creó el "Reto 21", que consistió en 21 webinarios, uno cada día, sobre bolsa de valores. Los empezó a compartir con su lista y estos, como agradecimiento, los compartían a su vez y creó una lista de unas 15.000 personas que vieron el reto 21.

En los vídeos compartía contenido de valor, la gente le preguntaba dónde podía aprender más y él les prometía que pronto haría algo.

Después hizo el lanzamiento del Club De Inversionistas.

Fue un lanzamiento de más de 1.000 ventas en el que más de 100 fueron a personas que estuvieron en el reto 21.

Por lo tanto, puedes ver cómo hay dos aproximaciones totalmente distintas en esta fase:

En la primera no se está dando nada de valor, pero se crea curiosidad en extremo al grado de que yo creo que nos querían golpear personas que querían saber qué era.

En la segunda se da contenido de valor, pero de todas formas esas personas quieren saber cómo pueden contratarte, cómo pueden saber más.

Pre-lanzamiento

La siguiente fase se llama pre-lanzamiento.

El pre-lanzamiento son esas tres piezas de contenido previas a la venta que hemos explicado en el punto 02. A continuación, vamos a ver cómo crear estas piezas de contenido y qué decir en ellas.

Para empezar, estas piezas no tienen que ser vídeos necesariamente, también pueden ser reportes, software, audios, webinarios... Prácticamente todos los medios que hemos dicho antes exceptuando imágenes.

Es muy difícil realizar un lanzamiento únicamente subiendo imágenes, por lo que estas es mejor usarlas como complemento de los otros medios o para el efecto multiplicador que ya hemos explicado.

Las piezas de pre-lanzamiento tampoco tienen porqué ser tres, pueden ser dos, cuatro o las que tú decidas.

Lanzamiento

La siguiente fase es, ahora sí, el lanzamiento.

Lanzamiento, sin embargo, es la apertura, no del vídeo de ventas, sino del evento, la apertura de compras.

Es el momento a partir del cual la gente puede comprar eso que les has vendido gracias a estas dos fases previas

Seguimiento

Tras realizar el lanzamiento, lo siguiente que hay que hacer es el seguimiento.

Para mí, es la fase más importante en los lanzamientos, ya que antes, en un lanzamiento, el 80 % de las personas compraban en cuanto se abría el carrito de compras y muy pocas compraban después; ahora esto se ha invertido: cuando abres el carro, solo se vende un 10 %, el grueso de las compras ocurre cuando activas esta fase, pero muy pocos la activan correctamente.

La fase de seguimiento consiste en, mientras tienes el carro abierto, comenzar a hacer los lanzamientos multiplicadores que hemos explicado antes para hacer que las personas tomen acción.

No hay que limitarse a hacer una serie de *Hangouts* a la lista general o con afiliados, en el caso de que tengas, o realizar transmisiones con Facebook Live.

Ya abriste el carrito de compras, ya ocurrieron las primeras ventas, pero tienes que darles más pretextos, tienes que darles más argumentos de venta, tienes que repetir tu mensaje para que tomen la decisión y esto lo puedes lograr con webinarios diarios, con *Hangouts* diarios y con alguna otra cosa.

En estos webinarios puedes mostrar casos de personas que han comprado tu entrenamiento, los resultados que han obtenido o personas que se han capacitado contigo, puedes invitar a expertos que eduquen sobre por qué comprar este entrenamiento, testimonios de personas que vivan de aplicar ese sistema...

El 80 % de las ventas ocurren cuando se activa esta fase, por lo que vas a cometer un gran error si no la activas. También es importante mantenerlo abierto tanto como sea posible, ya que cuanto más dure un lanzamiento más vas a vender.

Pre-cierre

El pre-cierre consiste en avisar de que estamos a punto de cerrar las ventas. En esta fase puedes disparar las ventas insistiendo en el tiempo que queda: vamos a cerrar en 72 horas, ya quedan 48 horas, quedan seis, tres, uno, treinta minutos, diez, cinco minutos, un minuto, a punto de cerrar. Todo para hacer que las personas tomen acción en el último momento.

El pre-cierre, por tanto, es avisar con X días de anticipación, los que tú definas que vas a cerrar. Aquí, además, puedes meter un elemento muy importante de los lanzamientos, que es la escasez, y disparar las ventas.

Hay una estrategia también muy poderosa en el pre-cierre, cuando tienes un lanzamiento con afiliados, que es crear un concurso con los afiliados. Esto consiste en otorgar un premio a las personas que logren la mayor cantidad de ventas en este tiempo.

A esto lo podríamos llamar pre-cierre con una estrategia alterna o pre pre-cierre, y consiste en hacer que los afiliados se vuelvan locos por algún premio, hacer que simulen que ya se está cerrando y disparar las ventas. En realidad no se está cerrando, ellos están creando escasez artificial porque quieren ganar el concurso, y, cuando este acaba, inicias tú tu fase de pre cierre, donde ellos vuelven a apalancarse de la escasez, esta vez porque es real.

Cierre

Llegamos al cierre.

Esto consiste en retirar la oportunidad de comprar a las personas, cumplir con tu palabra de que ibas a cerrar las puertas. Poner una página que informe que ya no se puede comprar y pedirles ahí que se registren o que se suscriban a una lista de notificación en caso de que reabras las puertas.

También, debajo del vídeo número tres, antes de abrir el carro de las compras, puedes poner una lista de notificación temprana.

Una lista de notificación temprana es un casillero de registro para que las personas se suscriban para recibir información por adelantado de la hora de tu lanzamiento. Supongamos que realizas el lanzamiento a las 12 del día, hora de México. A los que se suscriban a esta lista de notificación temprana, les dices que les avisarás a las 11 de la apertura del carro, les envías a una página especial donde está abierto el carro, van a poder comprar y, si hay bonos de acción rápida, se los van a poder llevar.

Hacer estas listas no es garantía de que, si se suscriben 1.000 personas, son 1.000 ventas ya que muchas personas solo lo dejan por curiosidad.

Pero es realmente aquí cuando debes tomar acción en la fase de seguimiento para hacerles saber que perdieron la oportunidad de comprar, pero que se pueden suscribir para recibir información cuando reabras las puertas.

Reapertura

La fase final es la reapertura. En esta última fase, reabres las ventas por un tiempo determinado, solo 72 horas, solo 48 horas, solo 24 horas, para que tengan la oportunidad de matricularse o de a comprar los que no llegaron a tiempo.

Aquí también ocurre un gran incremento de ventas, aunque muchas personas no usan esta fase. Generalmente partimos del hecho de que, si no han comprado, es que no les interesaba y no van a comprar. No siempre es así, puede ser que no comprasen porque estaban de viaje, porque todavía no habían cobrado, porque no pasó la tarjeta ese día, porque se distrajeron, por cualquier cosa, y aquí sí terminan por tomar acción.

Algo muy importante que debes considerar al realizar los lanzamientos es considerar las fechas de cobro de las personas. Muchas personas toman acción, de manera subconsciente, cuando ya cobraron en su empleo, entonces asegúrate de que tu lanzamiento sea en las fechas de pago, que el quince y el treinta del mes estén dentro del plazo para comprar, para que puedan comprar la mayor cantidad de personas tu programa.

CASO DE ESTUDIO DE MARIO ESQUIVEL

Para los que no conozcan a Mario Esquivel, Mario es coach, el coach número uno de bienes inmuebles.

Al ver que las estrategias para invertir en bienes inmuebles sin dinero no funcionaban todas en países latinos, creó sus propias estrategias.

Ahora enseña esas estrategias a personas en entrenamientos presenciales en Infoproductos.

En las fechas en que estoy escribiendo este libro, está haciendo un lanzamiento y está teniendo resultados espectaculares. Y no solo es la única persona que está haciendo esta fase en estos momentos, sino que además lo está haciendo de manera exitosa.

Mario ¿qué es lo que estás vendiendo, de cuánto y cuáles son los resultados?

—Lo que estoy haciendo ahora es un lanzamiento de mi programa de entrenamiento.

Como bien has dicho Helio, yo soy coach de bienes raíces y me especializo en hacer inversión sin dinero, es decir, que las personas puedan utilizar los inmuebles de alguien más para ganar dinero a través de siete técnicas.

Lo que hice fue crear un entrenamiento que se llama "Yo Invierto Sin Dinero En Bienes Raíces" donde justamente enseñamos eso a las personas.

Cabe mencionar que yo llevo más de dos años dando mis entrenamientos, utilizando las tecnologías, la herramienta online, publicidad online principalmente, pero nunca había hecho un lanzamiento, nunca me había atrevido a hacer un lanzamiento.

Primero, porque tenía mis miedos, porque yo veía los lanzamientos del propio Helio, veía los lanzamientos de Mendoza, de todo mundo que estaba ahí y yo pensaba que eso no servía y decía: *"Ya empezaron otra vez los mails, el tiempo, bla, bla, bla."*

La verdad es que, como ya tenía un modelo de negocio; tenía miedo de cambiar y de aprender nuevas cosas, pero bueno, finalmente, logré tomar acción y me sirvió mucho el contexto de estar con Helio para poderlo hacer.

Entonces lo que hice fue lanzar este programa de entrenamiento que tiene un valor de 497 dólares, aproximadamente son 10.000 pesos mexicanos, el cual incluye cinco semanas online.

Las semanas online las voy a ir desarrollando conforme vaya pasando el tiempo, es decir, me voy a involucrar totalmente en el proceso de estas personas y después, un evento presencial, es decir, van a estar conmigo para que yo les ayude a crear su negocio.

Hice mi lanzamiento en Ecuador y en la Ciudad de México, en Perú tengo una embajada que me está ayudando, pero no participaron en el lanzamiento y están vendiendo de otra manera.

Yo inicié el 1 de enero. Obviamente vencí también todos los paradigmas de que *"oye es que la gente está en Navidad, la gente está en la cena de año nuevo, la gente ya se gastó el dinero, nadie te va a pelar en tu lanzamiento porque todos están ocupados, de vacaciones, etc."*

Como siempre digo en mis transmisiones: *"La cuestión es que la mente te va a decir mil razones de por qué no hacerlo y le tienes que decir: bueno, muchas gracias mente, pero échate a un lado."*

Cuando haces eso, cuando haces lo contrario a lo que te dice tu mente, simplemente estás probando.

Mi lanzamiento empezó el primero de enero, yo hice publicidad desde más o menos un mes antes y muchas personas me decían: *"Oye, ya quiero inscribirme"*, pero yo, firme al lanzamiento, les decía: *"Ahora no puedes inscribirte porque las puertas las abrimos el 2 de enero"*.

La plataforma que utilizo para los lanzamientos se llama Kajadi.

Aunque cabe mencionar que en el lanzamiento hay personas que compraron a través de la plataforma, más o menos la mitad de los cincuenta y siete lugares vendidos en la semana del 1 al 7 de enero, pero obviamente no todos entraron por la plataforma, de estos 57 tuve también inscripciones por medio de cuenta bancaria y por medio de PayPal.

A grosso modo, lo que a mí me dejó este lanzamiento fueron 10.000 dólares en la plataforma y otros tantos por otros medios.

Estoy hablando de una semana de publicidad, una semana de hacer este proceso.

¿Mis páginas de captura?

La primera que utilicé fue una optin muy sencilla, sin vídeo ni nada, donde simplemente recopilaba los datos y los llevaba a la página de captura donde el primer vídeo que las personas veían era un vídeo informativo.

Yo considero que es muy importante para todos dar contenido real, por eso puse un caso de éxito de una de mis alumnas, un caso real, incluso fui a entrevistarla para que sepan las personas a qué se van a dedicar.

En esa página también venía un test gratis para saber qué tipo de inversionista eres y aquí en los comentarios hay personas que dicen cómo remodelo, si para eso necesitas hacer una inversión o no, etc.

Esto hace que muchas personas, al ver el vídeo, tengan dudas y quieran saber más.

Las personas dicen *"me interesa, deseo saber, por favor me indicas la fecha, etc."*

Les di una secuencia de vídeos y al final les dije: *"Hoy voy a cerrar las puertas."*

Yo creo que pude haber tenido muchos mejores resultados, pero lo hice como una prueba.

Es decir, es mi primer lanzamiento y también tuve que cambiar mi pensamiento, mi estructura de creencias, porque yo ya venía vendiendo de cierta forma, yo venía comercializando mis productos de cierta forma y hacer el lanzamiento me implicó manejar mi fuerza de ventas, tuve algunas cuestiones de prospectos y al final lo resolvimos bastante bien.

¿Mi punto de vista particular?

Creo que es una muy buena experiencia hacer estos lanzamientos, yo creo que es bueno... tienes muy buenos resultados y por supuesto, tienes que, como decimos aquí en México, aguantar la presión porque pasan cosas.

Por ejemplo, yo estaba tan emocionado que incluso le mandé un mensaje a Helio, *"oye Helio tengo 200 personas en mi lista de espera, el primer día voy a vender 200 cupos"* y realmente, de una lista de 200 personas, solo 3 personas fueron las que tomaron la acción el primer día. Entonces hay que estarlos reactivando, hay que estar dando contenido, etc.

Mario, ese vídeo, ese caso de estudio lo podríamos poner como en la fase de pre pre lanzamiento, creó curiosidad, creó expectativa para tus siguientes vídeos, que fueron ya la fase de pre lanzamiento.

Hiciste tres vídeos de pre lanzamiento, ¿nos puedes mostrar un poco cómo te decidiste en hacer el contenido de esos vídeos o si simplemente quisiste sin ningún sistema hacerlos, o qué fue lo que pasó, cómo los hiciste?

—Bueno, yo aproveché el apalancamiento que ya tengo y como he dicho, llevo dos años haciendo mis entrenamientos de bienes raíces y muchos de mis alumnos han tenido resultados.

Yo me di a la tarea de decir: *"Bueno, pues aplico la metodología de caso de estudio"* y el caso de estudio es que las personas te compartan su experiencia, que vean el resultado y después tú explicas cómo lo hicieron, esos fueron mis tres vídeos y al final les hice un plan de ingresos de bienes raíces y después les mandé el vídeo de ventas.

El vídeo de ventas no tiene ninguna metodología en especial, simplemente les explico en qué consiste el programa, cómo lo van a cursar, qué resultados van a tener y qué tienen que hacer para inscribirse, eso es todo, por supuesto, crearon curiosidad.

Realmente yo aproveché que esa temporada estuve viajando mucho para hacer mis vídeos en diferentes lugares y metiendo un poco de anticipación: *"En pocos días abriremos las puertas a nuestro entrenamiento, solo tenemos 100 cupos para 100 personas"*, normalmente, se llena muy rápido.

Esto que puse es real, normalmente, manejamos hasta máximo 100 personas y se llena rápido.

Yo no tenía certeza de qué era un lanzamiento, pero esto es congruente porque si te das cuenta, las personas no pueden comprar todavía, las personas nada más están viendo los vídeos, ven comentarios y esto crea curiosidad.

Un error que tuve es que no contesté a todos los comentarios, hay algunos que sí, hay algunos que no, pero bueno, finalmente esto funciona, yo no lo hice por falta de tiempo y mi Community manager tampoco tenía tiempo en ese momento, pero fuimos creando anticipación y al final hicimos el proceso de la venta.

En la carta de ventas, les pongo tres formas de pago, dos pagos de 297 dólares, o uno de 497 y al final pueden pagar por PayPal y doy una garantía de satisfacción.

Hay que ser muy honestos con esto, hay que cumplirla. Si tú estás dando una garantía y te piden el reembolso, devuelves el dinero y les dejas el producto, a ti realmente no te afecta.

Mario entonces, estos vídeos de pre lanzamiento los hiciste únicamente mostrando casos de estudio. Ya tenías tres casos de estudio que te habías dado a la tarea de documentar, ¿hubo algo más en estos vídeos, dabas contenido de valor, en esos vídeos hablabas sobre qué ibas a dar en el siguiente vídeo o no hubo algo más?

¿Qué estructura le diste a tu carta de ventas, simplemente decir estos son los módulos porque ya los vídeos de pre lanzamiento habían hecho la tarea o metiste disparadores mentales o algo así?

¿Nos puedes contar un poco cómo hiciste esto para que otras personas se inspiren y hagan también tu estrategia para hacer los vídeos de pre lanzamiento y para hacer su vídeo de ventas?

—Yo recibí un curso de disparadores, de no sé qué y de lenguaje hipnótico y bla, bla, bla.

Al final, a mí en mi experiencia personal, manejar todo eso se me hizo complicado y lo que hice, que creo que funciona bien, fue hacerlo muy natural.

O sea, mi estructura de mis vídeos fue muy sencilla, fue decir: "¿Qué te voy a presentar? Remodelación y ventas sin comprar el inmueble. ¿Siempre habías pensado que hay que comprar y remodelar un inmueble para venderlo? Bueno, no es cierto..."

Y después les ponía: *"Fulano de tal hizo esto"* y les explicaba cómo lo hizo: *"Mira, se fue para este lado, pasó tal cosa"* y al final les decía: *"En el siguiente vídeo te voy a enseñar tal o cual cosa."*

Todo esto, tratando de ser muy natural y en vez de preocuparme por disparadores, por la imagen, por esas cosas, me preocupé por dar contenido, me preocupé por darles valor.

Mi objetivo era que las personas que lo vean se den cuenta de que es fácil invertir sin dinero en bienes raíces, tal cual, entonces en eso me enfoqué y volví a hacer lo que hice con el lanzamiento: *"A ver mente, me estás diciendo que hay que hacerlo perfecto, que hay que usar esas herramientas, todo, muchas gracias mente, hazte a un lado y voy a hacerlo a mi modo."*

Y así lo hice, de manera muy natural.

Por supuesto que sí había una estructura, no es nada más saco un vídeo y ya.

No.

Hay una estructura que es decirles: *"Mira, esto te lo voy a enseñar ahora"*, se lo muestro, le pongo el caso de éxito para reforzarlo, luego le digo cómo se hizo y al final le digo: *"En el siguiente vídeo te voy a decir la segunda técnica de mi entrenamiento."*

Pun, se acabó.

Cuando haces eso, fluyes más, es más rápido y llevas la estructura.

Con mi carta de ventas hice igual.

Utilizo algunos disparadores que, como llevo bastante tiempo en la profesión de bienes raíces donde se manejan muchas ventas, son cosas que haces de manera natural o lógica.

La carta de ventas como tal, la estructuré diciendo: *"Este es mi producto. ¿Qué incluye ese producto? 5 semanas online. ¿Qué vas a aprender en cada semana? ¿Qué bonos de regalo te voy a dar? ¿Y qué vas a aprender en mi entrenamiento presencial, qué es lo que vas a tomar?"*

Y obviamente algo que a mí me funciona mucho es la garantía: *"Si no te gusta te devuelvo el dinero"* y también todo el valor social.

Los testimonios son muy importantes. Testimonios reales. Si tú pones un testimonio real, si tienes algún resultado y puedes entrevistar a la persona, es muy poderoso.

Ahora, si no tienes testimonios, vamos a suponer que vas a empezar y es tu primer lanzamiento, tu primer curso, es lo primero que vas a dar, pues pon tu propio caso.

Si tú vas a dar un curso y tienes resultados de lo que vas a enseñar, tu propio caso será un testimonio.

Este fue un lanzamiento interno, no invitaste afiliados, lo estás usando tú solo... La pregunta es, ¿usaste tu lista o usaste únicamente una campaña de publicidad, cuánto invertiste en publicidad y cuánto ganaste?

—En ese caso mi lista fue de 3.057 personas, con esas personas hice mi lanzamiento. Es decir, estas 3.057 personas las capté aproximadamente invirtiendo como 1.000 dólares en total en publicidad en Facebook. De 1.000 a 1.200 dólares.

Obviamente utilicé también mis listas de WhatsApp. En el lanzamiento también el marketing es muy importante. El 50 % de las ventas salieron de la venta directa de mandárselos por mail y el otro 50 % de WhatsApp e incluso de llamadas, entran por otros medios.

Hay algo muy importante que debes tener en cuenta es que tu producto debe ser bueno. Se ve cuándo alguien es incongruente, se ve cuándo alguien nada más quiere hacer un lanzamiento por vender. Entonces te enfocas en el marketing.

El marketing es como un complemento secundario, pero yo te sugeriría que te enfoques en realmente crear algo que funcione a las personas, eso te va a dar una congruencia que se transmite.

Afortunadamente, con las estrategias de vídeo, de audio, todo esto, la congruencia que se transmite es muy importante, porque por más que utilices disparadores, lenguaje o estructuras, si no eres congruente no vendes, esa es la realidad.

Confírmanos: invertiste 1200 dólares en publicidad, generaste una lista de 3.000 personas. ¿A estas personas que llevaste con publicidad, las estás llevando a otros medios como WhatsApp y a que te llamen por teléfono, y así se han cerrado otras ventas, algunos directamente compran y otros por medio de WhatsApp y otros por medio de llamada?

—Sí, así es.

Me recomendaron los tres medios.

Hay algo que quiero recapitular, en Internet hay muchas creencias.

Por ejemplo, alguien me dirá: *"Oye es que invertiste 1.200 dólares y tuviste 3.000 leads. Estás regalando tu dinero porque el clic te sale a no sé cuánto. Yo con ese dinero hubiera agarrado 100.000 leads y bla, bla..."*

No te desmotives por eso, ve el resultado nada más. Ve el retorno de inversión y ve el resultado de lo que puedas tener.

Habrá gente que con 100 dólares tenga 10.000 contactos, bueno, fabuloso, bien por ellos, tengo esa capacidad, pero eso no me detiene.

Yo tengo mis capacidades. Ya iré mejorando.

Hay gente que vende con una lista de 1.000, 2.000 lugares. Eso está excelente, pero eso no me detiene a mí.

Tú fíjate en tu retorno y ya tienes una estructura.

Yo nunca lo había hecho y voy a seguir haciendo lanzamientos, por supuesto, también voy a seguir con mi método tradicional que tenía de venta de Internet, pero para mí fue una gran experiencia.

Yo te sugiero que hagas las cosas y no te compares con Frank Kern ni con el propio Helio, pero tampoco te hagas chiquito, tampoco te hagas sentir mal.

Tú tienes tus cualidades, tú tienes las formas de hacer las cosas y tienes que tomar acción honestamente; poner tus números como yo los estoy poniendo ahora.

La idea es que tomes acción, como yo les digo siempre, la mentalidad de la abundancia.

Mario, ya para finalizar. Ahora estás en la fase de pre-cierre, ya está la escasez a su máximo esplendor, ya están cerradas las puertas.

Quiero preguntarte si vas a hacer una reapertura y qué actividades, además de enviar correos, hiciste en la fase de seguimiento y cómo te funcionaron.

—Lo que hice fue tratar de usar todos los medios para seguimiento, traté de que la mayor cantidad de personas me enviaran su teléfono para poder tenerlos en WhatsApp.

Las personas que trabajan conmigo hablaron por teléfono o mandaron WhatsApps y también hice a diario una transmisión de Facebook Live, a veces hacía una o dos por día.

Es muy fácil hacer una transmisión. Obviamente en la transmisión les pones el enlace que estás promocionando en el lanzamiento, etc.

Funcionan bastante bien.

Yo creo que, más allá de que andes correteando la venta, el seguimiento es importante.

Yo me di cuenta por lo siguiente, todavía existe mucho miedo de comprar online.

Se escucha, digamos, raro, se escucha ridículo si quieres, pero aún hoy existe mucho miedo de comprar online.

La ventaja de Facebook Live o de los Webinars es que te ven y tienes la oportunidad de mostrarles que es real, que les das garantía de que funciona, mostrar fotos de entrenamientos previos, etc.

Yo no hice Webinars, tenía pensado hacer Webinars, pero no me dio tiempo. Hice puras transmisiones de Facebook que enviaba por correo, WhatsApp, etc.

Más de preocuparte por técnicas muy específicas, es más bien preocuparte por el principio general, las transmisiones en Facebook, etc.

Hazlo para que las personas sepan que eres real, para que las personas sepan que reamente existes, que existe tu empresa y que van a tener el resultado que tú dices.

Algo que yo quisiera compartirte es que pongas mucha atención en la imagen que transmites, eso sí es muy importante. Si bien a veces no manejamos muy bien la imagen es importante porque es lo que ven las personas.

¿Vas a hacer reapertura, Mario?

—Sí, voy a cerrar hoy y probablemente voy a abrir unos días más la siguiente semana y cierro definitivamente, se acabó.

Quiero reafirmar una lección: no trates de superar al otro, al que está consiguiendo los suscriptores a un centavo de dólar, al que convirtió un 10 % de todos los contactos de su lista de notificación temprana, a los que les venden al 20 % de los prospectos que recopilaron en el lanzamiento... Tú fíjate en tus propios números.

Este fue mi primer lanzamiento y fue sumamente exitoso, invertí 1.000 dólares y me hice con 30.000.

Toma acción.

Yo utilicé mi propia estructura, no estudié tal cosa y la repetí al pie de la letra, leyéndolo y con equipos complicados, simplemente dije: *"Voy a enseñar, voy a dar valor, voy a poner un caso de estudio, voy a decir por qué le funcionó a este caso de estudio y les voy a decir que en el siguiente vídeo les voy a dar otro caso de estudio, tres casos de estudio y enseñarles incluso en la carta de ventas."*

Y lo más importante de todo es que tomé acción masiva imperfecta, no esperé a tener toda la información a detalle, tomé acción con la información que ya tenía, que ya conocía y en mi primer lanzamiento, los resultados fueron espectaculares.

TIPOS DE LANZAMIENTO

El lanzamiento semilla

El primer tipo de lanzamiento es el lanzamiento semilla.

¿Por qué lanzamiento semilla?

Porque estás haciendo un lanzamiento para... plantar.

Este lanzamiento es con el que te recomiendo que inicies, es un lanzamiento que se utiliza cuando no tienes lista de suscriptores; puedes hacerlo sin tener el producto listo, sin lista de suscriptores, sin tener el producto.

De lo que trata este lanzamiento semilla es de un lanzamiento con propósito, con el propósito de construir al final una lista de suscriptores, con el propósito de construir tu producto, puede ser con el propósito de ganar dinero para que con ese dinero puedas hacer un lanzamiento mucho más grande. Así que, no tienes listas, no tienes producto, no tienes dinero. No lista, no producto, no dinero, no problema, puedes hacer un lanzamiento semilla: ¿de dónde vas a sacar la lista?

Ya lo vimos, ya vimos el multiplicador de lanzamiento, ya vimos que vas a hacer inventario de recursos y con ese inventario, a ese inventario de recursos les va a mandar sus vídeos, sus audios, sus Webinars, sus Facebook Live, sus reportes, etc.

A todo ese inventario de recursos les envías todos estos medios reconfigurados, ese es este lanzamiento, eso fue el lanzamiento semilla.

¿Con qué vas a terminar?

Vas a terminar con una lista de suscriptores, vas a terminar con un producto y vas a terminar con dinero como sucedió a Mario Esquivel como resultado de su lanzamiento.

Si tienes dinero, si tienes la oportunidad de poder invertir en este lanzamiento, invierte en una campaña de publicidad, además de hacer todo eso invierte en una campaña de publicidad hacia tu embudo, y ¿qué es esto de no producto?

Tú puedes vender algo que entregues sobre la marcha, así como mencionó Mario que está haciendo: grabó un entrenamiento, vendió un entrenamiento de cinco semanas, pero las cinco semanas las va a ir desarrollando en vivo, eso es lo que puedes hacer, entonces no necesitas tener el producto por adelantado, lo puedes ir entregando sobre la marcha.

Pudiera ser, por ejemplo, por medio de Webinars, pudiera ser decir que cada semana se va a ir liberando un módulo y cada semana vas haciendo las grabaciones de tu producto.

De hecho, yo hace un mes, o un mes y medio, hice una compra de un entrenamiento de 2.000 dólares, llego muy feliz al área de miembros, no hay absolutamente nada, no había absolutamente nada ahí y ya decía ahí: en tal fecha, el 5 de diciembre, se va a liberar la semana uno, el 12 de diciembre la semana dos, el 19 de diciembre la semana 3 y así sucesivamente, es decir, el producto se entregó sobre la marcha, entonces ahí lo tienes.

Ese es un lanzamiento semilla, es un lanzamiento con el propósito de crear lista o quizás con el propósito de obligarte a crear tu propio producto de información o quizás porque quieres ganar dinero para que en tu siguiente lanzamiento puedas invertir 1.200 dólares como hizo Mario Esquivel y lo puedes hacer sin lista, sin producto, sin dinero. Si tienes dinero pues mejor, invierte dinero para ganar más dinero.

El lanzamiento interno

Vamos al siguiente de los lanzamientos que es... un lanzamiento interno.

¿Y qué es un lanzamiento interno?

El lanzamiento interno es cuando tú ya tienes suscriptores a quién venderles, y es un lanzamiento que haces únicamente para tu lista de suscriptores.

Es algo que haces de manera interna, no estás recabando afiliados, hiciste quizá un lanzamiento semilla, conseguiste suscriptores, ahora les haces ese lanzamiento a tus suscriptores. Ese es un lanzamiento interno sin afiliados.

El lanzamiento con afiliados

El siguiente de los lanzamientos es un lanzamiento con afiliados. Es este tipo de lanzamiento que hacen los grandes que conoces, seguramente los lanzamientos que te inspiran a hacer un lanzamiento o los que te detienen de hacer un lanzamiento.

Como afirmó Mario Esquivel, por creer que un lanzamiento tiene que ser así, grande, así de complicado no los hacía.

Entonces, un lanzamiento con afiliados es un lanzamiento donde reúnes a personas que tienen una lista de suscriptores para que ellos promuevan a su lista de suscriptores.

Lo que tienes que hacer en un lanzamiento de afiliados es que también promuevas a tu lista de suscriptores, pero otras personas, tus afiliados también promoverían a su propia lista, tú haces lo mismo con tu lanzamiento interno y ellos hacen lo propio como afiliados.

La duración de estos lanzamientos de afiliados puede ser de 14 a 28 días, te recomiendo el de 28 por la razón que te había mencionado de tener dos oportunidades de paga laboral de las personas y que puedan, durante 28 días, pagar dos veces.

Puedes hacer los 7 días de pre lanzamiento, cae la catorcena paga, siete días, después el seguimiento y que caiga la catorcena ya sea en la reapertura o antes del cierre.

Ese es un lanzamiento con afiliados, puede ser de 14 a 28 días y es recabar estas alianzas, estas personas que tienen ya una lista de suscriptores, pedirles que promuevan tu lanzamiento con su lista de suscriptores.

Obviamente hay que darle todos los recursos si no, no lo van a hacer, muchas de estas personas no les gusta trabajar, les gusta ganar dinero fácil, entonces hay que darles todo hecho. Veremos más adelante qué es todo lo que tienes que darles.

El lanzamiento rápido

Un lanzamiento rápido es un lanzamiento interno, es un lanzamiento que haces con tu propia lista y es un lanzamiento donde estás aprovechando quizás alguna fecha: es mi cumpleaños y quiero hacer este lanzamiento, es el día de reyes y ese es el descuento de reyes, es Navidad, es Black Friday.

Es aprovechar una fecha, una fecha de celebración para hacer un lanzamiento: durante mi cumpleaños puedes comprar mi producto y después ya no te lo voy a ofrecer con un 50 % de descuento; ese es un lanzamiento rápido.

El lanzamiento perpetuo

Un lanzamiento perpetuo, es un lanzamiento por medio de Webinars.

De lo que se trata un lanzamiento perpetuo es de vender en un webinar.

Haces un webinar, das contenido de valor, al final vendes algo que tú creaste. Quizás lo hiciste con tu propia lista, quizás lo hiciste con campañas de publicidad o con cualquiera de estas dos.

La idea es enviar a las personas a un webinario, quizás antes del webinario puedes poner vídeos de contenido y la venta es el webinar, la venta ocurre en el webinar.

Obviamente también puedes hacer seguimiento como en un lanzamiento, lo promueves a tu lista de suscriptores, lo promueves con pago por clic.

Pero el espíritu de estos lanzamientos perpetuos, como su nombre lo dice, es que ocurran todo el tiempo, es que ocurran de manera automatizada.

Y para que ocurran de manera automatizada tienes que quitarte de la ecuación y sería con pago por clic, que todo el tiempo esté en campañas de pago por clic, alimentando ese embudo.

Las personas que llegan a una página de captura venden sus vídeos de contenido, venden webinar, quizás cosas de seguimiento y después a ellos se les cierren las puertas, ellos pasan por todo y se les cierran las puertas.

Pero llegan nuevas personas, pasan por todo el embudo, se les cierran las puertas al embudo, esto siempre se está alimentando de personas que todo el tiempo están comprando y esto lo puedes hacer de manera automatizada.

Hoy en día hay plataformas: WebinarJam tiene un sistema que se llama Everwebinar y otro que se llama Steal Seminar (robar seminarios), que te permiten hacer estos webinarios automatizados y de lo que se trata es de que tú hagas el primer webinar en vivo o hagas varios Webinars en vivo y el webinar ganador, el que tú digas ¡qué bárbaro, cómo me quedó este webinar y cómo vendí en este webinar!, es el que uses en estos webinar perpetuo, en este embudo perpetuo.

Así es como funciona el lanzamiento perpetuo, nos valemos de un webinar, pero todo está grabado, el webinar está grabado para vender.

El lanzamiento silencioso

El lanzamiento silencioso es que no le avisas a nadie que estás haciendo un lanzamiento, entonces es con pago por clic, hay una campaña de pago por clic hacia un embudo y nadie se entera, no estás haciendo bulla en ningún lado, estás haciendo eso que corre automáticamente con publicidad, ya sea pago por clic, etc.

Nadie sabe, no haces escándalo, tampoco en redes sociales.

El lanzamiento de Mario fue un lanzamiento silencioso, no le avisó a nadie, yo me enteré porque me lo dijo; no fue un lanzamiento interno porque no lo envió a su lista de suscriptores sino que hizo una campaña; no es un lanzamiento perpetuo porque no está automatizado, porque él estuvo haciendo todo el lanzamiento; no fue un lanzamiento rápido porque no dijo lanzamiento por Navidad y compren nada más el 24 de diciembre, o lanzamiento de reyes magos, compra el 6 de enero; no fue nada de ese tipo.

Fue un lanzamiento silencioso, a nadie avisó, campaña de publicidad, todo muy higiénico y resultados espectaculares.

El lanzamiento invertido

El siguiente de los lanzamientos es un lanzamiento invertido, ¿qué locura es eso de lanzamiento invertido?

Como sabes, son lanzamientos, son tres piezas de contenido y un vídeo de venta o puede ser un webinar de venta como vimos acá en los lanzamientos perpetuos: tres piezas de contenido y un vídeo o un webinar de venta.

El lanzamiento invertido es invertir este orden, es iniciar aquí, en lugar de que sea el orden así, es invertirlo y el orden va al revés, inicia aquí, después sigue el contenido, o sea, abres vendiendo y después sigue el contenido, después lo que sigue, ya lo sabes, el seguimiento, o en otras palabras no hay pre prelanzamiento, no hay pre-lanzamiento.

Es directamente el lanzamiento y después seguimiento, es al revés, tú puedes hacer esto, haces un webinar y los vendes y después haces piezas de contenido para manejar las objeciones y para dar más casos de estudio para vender, pueden ser dos piezas de contenido en vídeo o pueden ser más Webinars para seguir vendiendo, pero es arrancar vendiendo.

El lanzamiento rotativo

El siguiente de los lanzamientos es el lanzamiento rotativo, ¿qué es esto de lanzamiento rotativo?

Es que tú contactas a afiliados, pero uno a la vez.

Entonces, quiere decir que contactas afiliado uno, afiliado dos, afiliado tres, afiliado cuatro y los contactas uno a la vez. Primero hago mi lanzamiento con afiliado uno, después voy con afiliado dos y hacemos el lanzamiento, después voy con afiliado tres y hacemos el lanzamiento y después voy con afiliado cuatro y hacemos el lanzamiento.

De hecho, yo le quiero decir a Mario que me deje promover su lanzamiento el día que lo cierre, que lo reabra conmigo y entonces él podría hacer un lanzamiento rotativo, aprovechar mi audiencia para lanzar su entrenamiento conmigo; después él busca otro afiliado y promueve su lanzamiento, después otro afiliado y promueve su lanzamiento.

Eso es un lanzamiento rotativo, es ir rotando el lanzamiento infinidad de veces, dependiendo del número de afiliados a los que puedas acceder, entonces no te estreses si en un lanzamiento de afiliados no puedes contactar tantos afiliados como quieras y nada más consigues dos, o tres: ponlos en orden y haz un lanzamiento rotativo con ellos.

El lanzamiento súper perpetuo

¿Qué es esta locura de lanzamiento súper perpetuo?

Es lo que yo hago, que todo el tiempo tengo las puertas abiertas, todo el tiempo estoy vendiendo y la estrategia que utilizo para esto es que acostumbré a mi lista de suscriptores, y es algo que tú también puedes hacer, los tengo acostumbrados a recibir cinco correos electrónicos míos por semana todos los días.

Los tengo acostumbrados no solo a recibir los correos sino a venderles en estos correos, ¿qué sucede cuando haces eso? ¿Qué sucede cuando todo el tiempo estás vendiendo?

Todo el tiempo tengo la oportunidad de estar en lanzamiento, generalmente cuando vendo algo no es que, por ejemplo, el lunes me digas *compra este libro*, y el martes les digo *compren esta App* el miércoles les digo *cómprame este Infoproducto*, el jueves les digo *cómprame este coaching* y el viernes les digo *cómprame este evento presencial*.

Nada de eso, hago una promoción enfocada, si lo que quiero es vender un libro, todos los días les hablo del libro, todos los días estoy haciendo seguimiento sobre el libro.

Tomo dos aproximaciones: lanzamiento invertido desde el día uno, el lunes por ejemplo, les escribo *cómprame este libro*, y todos los demás días hago seguimiento y los hago al menos dos semanas, a veces un mes, a veces hasta tres meses me ha llevado vender algo.

Si estás vendiendo algo, sigue vendiendo ese algo, no tienes por qué cerrar las puertas cuando estás vendiendo ese algo.

También lo hago un tipo rotativo, entonces a veces hago el lanzamiento normal, a veces los primeros días doy contenido ya sea escrito, ya sea en vídeo, contenido sobre cómo hacer lanzamientos, y el jueves y viernes ya les vendo y obviamente la siguiente semana sigo vendiendo; es decir, hago cualquiera de las dos opciones, pero siempre, siempre, siempre estoy vendiendo.

Le llamo súper perpetuo, hay una estrategia, hay una técnica para saber qué escribir y cómo vender todos los días, le llamo la fórmula de los Emailsakis y se trata de siempre tener la puerta abierta, siempre estar vendiendo.

CÓMO HACER UN LANZAMIENTO

Para hacer un lanzamiento la preparación lo es todo.

Debes tener ciertas cosas listas para tu lanzamiento, una de las cosas es el producto, ya vimos en los lanzamientos que no lo tienes que crear por adelantado, sin embargo, si decides crearlo por adelantado, está bien para ti.

Entonces, el producto lo puedes crear por adelantado o lo puedes crear y entregar sobre la marcha, tienes esas dos opciones.

Un día meterte en el estudio de grabación, si tu producto va a ser vídeos, y grabar todos los vídeos que necesites para tu producto, en varios días, hasta que lo tengas listo, y ya haces tú lanzamiento.

Y la otra es hacer el lanzamiento sin tener el producto y decirles: *"Tal semana se libera tal módulo, la siguiente semana se libera el otro módulo."*

Y tú vas creando el producto por adelantado, o si lo entregas por medio de Webinars no tienes nada más que hacer que iniciar el Webinar y así puedes entregar el producto, crearlo y entregarlo sobre la marcha.

¿Qué más debes de tener?

Obviamente debes tener una oferta en base a ese producto, tienes que decir: *"Este producto, mi oferta es que te voy a dar cinco sesiones por medio de Webinars, te voy a dar doce módulos en vídeo, etc."*

¿Cuál va a ser tu oferta?

Más importante que lo que les vas a dar es la transformación que vas a hacer.

¿Qué les vas a dar?

El contenido y la transformación de ese contenido.

¿Qué contenido te voy a dar?

Te voy a enseñar a hacer lanzamientos, te voy a enseñar los tipos de lanzamiento, te voy a enseñar cómo crear tus piezas de contenido, pero ¿cuál es la transformación?

Al saber todos estos lanzamientos tú vas a saber crear un lanzamiento sin listas, sin dinero, sin tener el producto, etc.

Entonces, esa es la transformación, otra cosa es que te diga hablar de contenido, tu oferta debe tener no solo el producto principal, sino también los bonos.

¿Cuáles son los bonos que vas a dar?

Los bonos son parte de tu oferta y tienes que definir tres bonos, que son parte de la estructura que te voy a decir en la carta de venta.

Ahí mencionas tres bonos y un bono sorpresa.

Son prácticamente cuatro bonos que tienes que dar en la carta de ventas y un mega bono.

Tu mega bono lo vamos a utilizar en otra fase, los tres bonos y el bono sorpresa lo vamos a utilizar en la apertura, el mega bono lo vamos a utilizar en la fase pre-cierre, es decir, cuando les estás diciendo: *"quedan 48, quedan 72 horas, tienes que comprar."*

Ahí sacas el mega bono como un acelerador más, como un propulsor más de las ventas y después bonos pequeños.

Eso sí, tienen que ser bonos muy buenos, tanto los tres bonos y el bono sorpresa, el mega bono tiene que ser algo espectacular y de un tanto de mayor valor percibido, incluso de lo que estás vendiendo y esos bonos pequeños son simplemente para apilar bonos, esto ocurre en el seguimiento y en el seguimiento comienzas a apilar bonos. Haces Webinars.

¿Te acuerdas de los Webinars o transmisiones de Facebook Live, como hace Mario Esquivel?

En esas transmisiones de Facebook Live, Mario, al final les dice; *"Si compras hoy, te llevas este bono".*

En la transmisión del día siguiente: *"Si compras hoy te llevas un bono que ofrecí ayer, más un bono que te estoy ofreciendo hoy, que es este bono".*

En la tercera transmisión: *"Si compras hoy, te llevas este bono, pero también te llevas mi bono pasado que es tal, y te llevas mi bono pasado que es tal".*

Yo no me preocuparía mucho por esto, yo estos bonos los preparo sobre la marcha. Tú cada día puedes inventar el bono que vas a dar.

Entonces, esto es parte de la preparación, qué producto vas a vender, cuándo hacer tu oferta, tu descripción del producto y la transformación que hace y los bonos.

Lo siguiente que debes preparar es un calendario, calendarizar las fases.

Recuerda que había una fase pre-lanzamiento, que había una fase de lanzamiento, que había una fase de pre-cierre, había una fase de cierre, había una fase reapertura.

¿Recuerdas esas fases?

Calendariza tu lanzamiento

Ahí está entonces, calendarizar es, por ejemplo, pre lanzamiento...

Yo te voy a decir la elaboración, no te puedo decir cuál va a ser el calendario que vas a utilizar, simplemente te doy la duración y todo parte de aquí, desde aquí tú haces las fechas y todo el seguimiento.

Ese es el día "cero", ese día "cero", por ejemplo, puede ser el 14 de febrero y sobre esta fecha es que haces lo demás.

Las fases de pre lanzamiento pueden ser seis o tres meses antes o un mes antes comienzas con toda esta bulla.

Aquí lo importante es con qué espaciado vas a hacer la entrega de las piezas de contenido, puede ser cada día, puede haber una diferencia de dos días, o puede haber una diferencia de tres días.

Si lo haces cada día necesitas tres días, es decir, si tu lanzamiento es el 14, deberías empezar el 11, 12, 13 y 14; si cada día vas a liberar dos piezas, sería un día sí y un día no, un día liberas esta, al otro día no pasa nada, al otro día liberas esta, al otro día no pasa nada, al otro día liberas esta, al otro día no pasa nada y al otro día liberas la carta de ventas.

La fase de lanzamiento es de uno o tres días, donde no haces nada, donde únicamente abriste.

Muchas personas abren y se esperan tres días a ver si se generan ventas y hasta el día tres empiezan con el seguimiento, el seguimiento ya vimos lo que es, hacer Webinars, transmisiones de Facebook Live, etc.

Muchas personas toman acción luego, o abrieron y al día siguiente comienzan con el seguimiento.

Tú decides si te tardas un día, dos días, tres días; más días no te recomiendo porque se enfría un poquito la cosa.

Entonces: el lanzamiento de uno a tres días, el seguimiento cuantos más días es mejor, pero tú puedes decir que vas a hacer cinco días de seguimiento, por ejemplo, "el club de inversionistas" hizo casi dos semanas completas, fueron de 10 a 14 días de Webinars, todos esos días de seguimiento.

Finalmente el pre-cierre, de uno a tres días, es decir, que ya vas a cerrar, ya sea que sea que se disparen las ventas para el cierre, luego cierras y aquí tú decides cuánto tiempo vas a dejar cerradas las puertas; y finalmente la reapertura, que puede de 72, 48 o 24 horas, que abras las puertas durante uno a tres días, más no.

Tiene que ser algo breve en el tiempo, que genere escasez de tiempo para que las personas tomen acciones.

Así que ahí tienes los tiempos: pre-lanzamiento pueden ser 6 meses, 3 meses; 1 mes antes el pre pre-lanzamiento, dependiendo de cómo quieras espaciar los contenidos; el lanzamiento, uno a tres días; en pre cierre de uno a tres días, cierras un tiempo, el que tú elijas y después haces una reapertura de uno, dos o tres días.

Tú tienes que definir este calendario, porque este calendario se lo vas a dar a tus afiliados. El siguiente recurso que tienes que preparar son las carnadas.

¿Qué son las carnadas?

Son contenidos, generalmente reportes o softwares. Pero también pueden ser grabaciones de un Webinar, cualquier cosa para recibir el correo electrónico de las personas.

Tienen dos funciones muy importantes: recabar suscriptores en las páginas, en la página o páginas de factura, y lograr que las personas regresen a ver tus piezas de contenido.

Por ejemplo, recuerda que tienes tres piezas de contenido donde tienes vídeos, supongamos que a las personas que se registraron los invitas a ver el vídeo uno, pero muchas personas no abren el correo, muchas personas no vieron el vídeo, muchas personas no vieron la totalidad del vídeo.

Entonces creas una carnada, creas aquí tu carnada, la subes al día siguiente y les dices: *"acabo de subir un reporte que te explica tal y cual cosa velo a ver"*.

Entonces van las personas a descargar el reporte, arriba tienen el vídeo y quizá se den el tiempo de ver el vídeo que no terminaron de ver, es algo ideal tener debajo de cada una de estas piezas de contenido tus carnadas, para hacer que las personas sigan consumiendo.

Pueden ser reportes, pueden ser software, pero también podrían ser vídeos de casos de estudio, tú decides cuál va a ser tu carnada.

Tienes dos opciones: hacer que te dejen su correo o hacerlos regresar a tu embudo para que sigan consumiendo tus correos.

Lo siguiente son los afiliados.

Tienes que recabar afiliados, tienes que prepararte, preparar tu fecha, ya que tienes tu fecha, tienes que ir por afiliados y a los afiliados les tienes que dar una cantidad de recursos, tienes que no solo recabar los afiliados, sino prepararles.

No solo es recabar afiliados, recatarlos, avisarles, muchos van a decir que sí y al final no promueven, muchos sí promoverán, otros no.

Preparar campañas de Email marketing.

Como te dije, son personas que no les gusta trabajar, que no les gusta quebrarse la cabeza, tienes que hacérselo fácil para que promuevan, entonces prepara campañas de Email marketing, prepara imágenes para que ellos puedan promover en redes sociales.

Así, los que quieran hacer campañas de publicidad no tengan que quebrarse la cabeza, ya están ahí los anuncios para que simplemente los suban y le metan dinero.

Prepara premios a los afiliados, lo que tienes que hacer es crear un concurso de afiliados, ponerlos a competir entre ellos para que promuevan más fuertemente tu lanzamiento.

Preparas premios y preparas concursos de afiliados, puedes hacer concursos de tráfico, *"el afiliado que lleve más afiliados al vídeo uno, se gana este reloj". "El afiliado que lleve más tráfico al vídeo dos, se gana esta cámara".*

Puede ser tráfico, pueden ser prospectos, *"el afiliado que lleve más prospectos al vídeo uno, se lleva tal o cual cosa".*

Y puedes hacer también (esto no lo vayas a dejar por nada) un concurso de ventas, si tú haces que ellos se maten entre ellos por ganar el lanzamiento o por quedar en los primeros puestos en el lanzamiento, obviamente van a trabajar más fuerte, obviamente van a hacer más ventas.

Asegúrate de tener tu propio contenido de seguimiento.

¿Qué es esto del contenido de seguimiento?

Que tengas tus propios correos, tus propias imágenes, y tus propios anuncios.

¿Para qué tus propios correos?

Para mandarlos a ver las piezas de información, las piezas de contenido, les vas a decir para que vayan a ver la pieza 1, la pieza 2, la pieza 3.

Debes tener anuncios que estén relacionados con todas las fases del lanzamiento, debes tener escrito un anuncio que diga: *"ve a ver estos vídeos".*

Un anuncio que diga: *"estamos por cerrar".*

Anuncios de *"cerramos en 24 horas, en 72 horas, en 48 horas".*

Puedes hacer anuncios de que se "*cerraron las puertas y perdiste la oportunidad, pero ve a suscribirte en la lista de notificación para cuando reabramos*".

Pueden ser anuncios de que *"las puertas están abiertas"*.

Un anuncio para cada fase tu lanzamiento y campañas de imágenes que estén vendiendo, que vayan las personas a ver tus piezas de contenido, todo esto hay que prepararlo.

Entonces, piezas de contenido para todas las fases del lanzamiento, ya vimos todas las piezas que puedes crear: audios, vídeos, Webinars, softwares, etc.

CÓMO CREAR LAS PIEZAS DE CONTENIDO

Esos famosos tres vídeos que ya te dije, no tienen que ser vídeos, pueden ser reportes, pueden ser softwares, pueden ser audio, pueden ser Webinars, pueden ser lo que tú quieras, pero ¿cómo crear esas tres piezas de contenido? Veamos

El vídeo 1

El vídeo uno, va a tener esta estructura:

Promesa.

Credenciales.

Contenido.

Manejo de objeciones.

¿Qué se viene?

Llamada a la acción.

¿Cómo funciona esto?

Te pongo un ejemplo de cómo lo hago yo:

"¿Te gustaría aprender a hacer lanzamientos exitosos?

Mi nombre es Helio Laguna y en el pasado he realizado lanzamientos de seis cifras, es decir, lanzamientos de más de 100.000 $ y en este vídeo te voy a enseñar lo mismo, te voy a enseñar cómo puedes hacer un lanzamiento de ese tipo.

Lo que tienes que hacer para un lanzamiento de 100.000 $ es, primero, definir cuál es el tipo de lanzamiento que quieres hacer.

Muchas personas piensan que existe un solo tipo de lanzamiento, en realidad existen 10 tipos de lanzamiento. Esos son los diez tipos de lanzamiento que puedes hacer, te explico: 1, 2, 3, 4, 5, 6, 7, 8, 9, 10.

Ahora lo que puedes hacer es hacer un lanzamiento, no necesitas tener una lista de suscriptores, como muchos piensan, como muchos comentan, tú puedes acceder a un inventario de recursos.

En el siguiente vídeo te voy a decir cómo puedes crear un inventario de recursos que no tiene nada que ver con Email Marketing, de hecho, te vas a alegrar, si no tienes una lista de suscriptores te vas a sentir mucho más feliz, porque en el siguiente vídeo vamos a ver cómo una lista de suscriptores en realidad lo que hace es hacerte un lanzamiento menos exitoso que el que puedes tener con la estrategia de inventario de recursos, así que espera mi siguiente vídeo.

En mi siguiente vídeo vamos a ver cómo crear un inventario de recursos, para que jamás tengas que depender de una lista de suscriptores, si la tienes qué bueno, va a ser uno más que se va a sumar a todo, pero tú no requieres tener suscriptores.

En el tercer vídeo te voy a mostrar un caso de estudio, el de Mario Esquivel, que sin suscriptores, sin tener el producto listo, sin afiliados, sin avisarle absolutamente a nadie, hizo un rendimiento de 300 %, invirtió una pequeña suma y ganó 30 veces más, sin tener ni siquiera un script de cómo hacer vídeos y cosas complicadas, él hizo ese lanzamiento y ganó esa cantidad de dinero.

¿Qué es lo que quiero que hagas ahora?

Por favor, déjame tu comentario debajo de este vídeo y comparte en las redes sociales este vídeo para que más personas puedan ver este vídeo y puedan ver las siguientes piezas de contenido.

Déjame tu comentario, y dime cuál es tu máximo obstáculo para hacer un lanzamiento, para que podamos ver cómo resolverlo en los siguientes vídeos y que seas una persona que logre ganar dinero por Internet, gracias a utilizar el poder de los lanzamientos para vender tus productos y servicios, es todo en este vídeo.

Tu amigo Helio Laguna, chao, chao."

Bueno, ahí lo tienes.

En ese vídeo lo que hice fue mostrarte cada una de las fases.

Primero comienza con una promesa: *"en este vídeo, ¿te gustaría aprender a utilizar el poder de los lanzamientos para vender sin esfuerzo tus productos o servicios?"*

Lo siguiente fueron credenciales: *"mi nombre es Helio Laguna y en el pasado he hecho lanzamientos de más de 100.000 $, he participado como afiliado en los últimos cuatro lanzamiento del mercado hispano y he sido el afiliado que más lanzamientos he generado, en este vídeo, tras el contenido de este vídeo te voy a enseñar cuáles son los tipos de lanzamientos que existen".*

Y entrego el contenido.

Doy sin dolor todo el contenido que pueda, manejo objeciones, estas objeciones las pude obtener desde el pre pre lanzamiento.

Puedes utilizar el contenido de tu pre pre-lanzamiento para manejar objeciones y meter la presión de que no necesitan lista de suscriptores.

¿Qué vino a continuación?

"En el vídeo número dos vamos a ver cómo hacer un lanzamiento sin lista de suscriptores y por qué, no tener una lista de subscriptores es mejor a tenerla" y después un llamado a la acción para que me dejaran su comentario y me digan cuál es su principal obstáculo para hacer lanzamientos y así ese

obstáculo yo lo puedo tratar en el vídeo número dos y que compartan esto para que se cree viralidad y más personas vean este vídeo número uno.

¿Fue sencillo?

¿Verdad que sí?

¿Lo vas a hacer?

Este es el script de cómo hacer el vídeo número uno, vamos a ver el script de cómo hacer el vídeo número dos.

El vídeo 2

El script de cómo hacer, tanto el vídeo número dos como el vídeo número tres, es exactamente lo mismo, solo agregamos dos componentes más y para fortuna nuestra van al inicio, uno es el (y no tiene nada de chiste) agradecimiento y recapitulación.

¿Recapitulación de qué?

De las primeras tres cosas o de los pasos del uno al tres del vídeo uno.

Hay que recapitular los primeros pasos del vídeo uno, primero agradecimiento y si puedes emoción de lo que está sucediendo:

"¡Hola! Hola, ¿¿Qué tal?!

Te saluda Helio Laguna y estoy sumamente emocionado por todos los comentarios que me dejaste en mi vídeo anterior.

De verdad, no esperaba toda esa respuesta de las personas.

He estado leyendo con detenimiento todos y cada uno de los comentarios que me pusiste ahí, cuáles son los principales obstáculos que has tenido para hacer un lanzamiento y quiero decirte que estoy sumamente emocionado, jamás me habría imaginado toda esa respuesta, ¡más de 500 comentarios!

Todas esas problemáticas, te prometo que las vamos a tratar entre este y el siguiente vídeo para resolverlas y que puedas tomar acción, para que puedas hacer tus propios lanzamientos exitosos y vender sin esfuerzo tus productos y servicios.

Y si recuerdas, en el vídeo anterior te hablé de los tipos de lanzamientos que existen para que tú puedas conocerlos y puedas hacer lanzamientos con cualquiera de esos tipos de lanzamientos, como sabes, mi nombre es Helio Laguna, he hecho lanzamientos exitosos con el mercado hispano y en los últimos cuatro lanzamientos del mercado hispano he arrasado con ellos, he sido el afiliado que más ventas ha logrado gracias a mi conocimiento a detalle de cómo funcionan estos lanzamientos, entonces vimos los tipos de lanzamientos, si recuerdas son 10 tipos de lanzamientos, el lanzamiento semilla, el lanzamiento invertido, el lanzamiento perpetuo, el súper perpetuo, etc., etc., etc.

En este vídeo te voy a hablar sobre cómo hacer tu inventario de recursos para que tú puedas hacer tu propio lanzamiento sin necesidad de depender de listas de suscriptores, muchas personas jamás hacen un lanzamiento porque creen que necesitan tener una lista de suscriptores y están completamente equivocados, no requieren de una lista de suscriptores para hacer un lanzamiento y es lo que vamos a ver el día de hoy.

Bueno, esta es la estrategia, lo que tienes que hacer es un inventario de recursos, tienes que poner todos los sitios en donde tienes una cuenta, tienes que identificar la audiencia que tienes en todos esos sitios y después tienes que hacer lo que yo llamo el multiplicador de lanzamientos, algo que vamos a ver en el siguiente vídeo.

También te quiero decir sobre por qué no necesitas conocimientos técnicos para hacer un lanzamiento, te voy a mostrar cómo hice un lanzamiento desde mi celular, ¡desde mi celular! mientras estaba de vacaciones en San Diego, estaba en San Diego y grabé el vídeo número uno.

Estaba el día siguiente en Seaworld y grabé el vídeo número dos, estaba el día siguiente en la base militar de Estados Unidos, ya se me olvidó el nombre, y ahí grabé el vídeo número tres.

Entonces no requieres conocimientos técnicos, si tienes un celular, incluso si no es como este, pero tienes un celular que graba vídeos, incluso con eso puedes hacer tu propio lanzamiento exitoso, así que no requiere nada.

Como te dije, en el siguiente vídeo, que va a ser dentro de dos días, te voy a mostrar el sistema que utilizo para hacer lanzamientos, lo vamos a ver, hay que prestar mucha atención a ese vídeo.

Y te quiero pedir algo, coméntame qué es lo que te está deteniendo en estos momentos para hacer un lanzamiento, ya vimos que no se requiere tecnologías complicadas, que lo puedes hacer desde un celular, ya vimos que no requiere lista de suscriptores, que era una de las grandes objeciones que tenían las personas, ya vimos que no requieres dinero, que puedes hacer el lanzamiento semilla y puedes conseguir dinero para financiar tus siguientes lanzamientos.

Dime qué es lo que falta, si hay alguna otra cosa más que te esté deteniendo para hacer un lanzamiento o ya solo es la parte mental, y si fuera la parte mental, en el siguiente vídeo también te voy a platicar cómo resolver eso, cómo vencer la conversación interna que existe en ti para que tú puedas hacer tu propio lanzamiento.

Entonces, déjame tu comentario y comparte, comparte, por favor, este vídeo en todos los lugares que puedas, para que más personas puedan ver el siguiente vídeo.

Es todo en este vídeo, tu amigo Helio Laguna, chao, chao."

Bueno pues, ahí lo tienes.

Fíjate cómo fue exactamente lo mismo que en el vídeo anterior, simplemente agregué la parte de agradecimiento y exaltación o emoción de todos los comentarios, recapitulación de lo que vimos en el vídeo anterior, cuál fue la promesa de la promesa del vídeo anterior, quién soy yo, qué les di en el vídeo anterior y ahora, de nuevo, me sirvió para enseñar cómo hacer un lanzamiento sin suscriptores.

Hablé más de mis credenciales para reafirmar más, puedes repetir lo mismo, pero si dices más cosas es mucho mejor, y el contenido que tienes para dar en este vídeo, manejo de objeciones, manejé otra objeción más sobre que se requerían cosas tecnológicas complicadas, no, lo pueden hacer con un celular, también sobre qué se viene.

"En el siguiente vídeo te voy a enseñar lo que...".

Y el llamado a la acción, que me sigan dando más objeciones, por favor, para poderlas tratar en el vídeo tres y venderte como loco en el vídeo tres.

El vídeo 3

El vídeo tres no tiene caso que lo haga, es exactamente lo mismo que el vídeo dos:

"Estoy más que emocionado de tantos comentarios, en el vídeo uno, si lo recuerdas, vimos los tipos de lanzamientos que existen, en el vídeo número dos vimos cómo puedes obtener una audiencia, para que tú mismo puedas hacer tu lanzamiento incluso sin suscriptores, cómo tener suscriptores, lo peor que te podría pasar, vimos cómo no se requerían cosas tecnológicas y solo se requería hacerlo, todo estaba aquí en tu cabeza y que tú lo quisieras.

Lo que te voy a enseñar en este vídeo te va a volar la cabeza, te voy a enseñar el sistema de embudo súper perpetuo, vamos a ver el embudo súper perpetuo a detalle.

Si no me conoces, llevo cuatro años completos con las puertas abiertas en un lanzamiento perpetuo, todos los días estoy vendiendo y con múltiples herramientas, y es lo que vamos a ver. La forma en la que hago estos embudos súper perpetuos es por medio de un marketing, principalmente.

He logrado descifrar la fórmula para venderle a las personas todos los días y hacer que ellos estén gustosos viendo mis correos de venta, que no son correos de venta, son correos de 90 % contenido y 10 % de venta y tú puedes hacer exactamente lo mismo, tú puedes hacer lo mismo que yo con WhatsApp.

Si se te nubla la vista al pensar en un autorespondedor, yo actualmente estoy utilizando WhatsApp como un sistema de autorespondedor."

Y aquí es la única variación en el vídeo tres, ¿qué es lo que se viene?:

"Lo que quiero que hagas ahora es que te suscribas en el casillero que se encuentra debajo, esta es una lista de notificación temprano, porque dentro de dos días estate muy atento, el próximo lunes voy a abrir mi entrenamiento de lanzamiento súper perpetuo.

¿Qué es lanzamiento súper perpetuo?

Es un entendimiento donde te voy a enseñar cómo hacer una secuencia de secuencias de lanzamientos, ya viste que un lanzamiento es una secuencia, ya viste las fases de un lanzamiento, ahora yo te voy a enseñar cómo poner estos lanzamientos en secuencia, los diez lanzamientos en secuencia para extraerle cantidades insanas de dinero a las personas que se suscriben contigo a un autorespondedor, o a las personas que te envían su teléfono por WhatsApp.

Entonces voy a abrir las puertas de lanzamiento súper perpetuo, en dos días se abren las puertas, regístrate en esta lista de notificación temprana para avisarte con una hora de anticipación."

70

Aquí se viene ya hablar del producto, hablar de que les vas a vender algo y un poquito de escasez, *"el lanzamiento súper perpetuo es un lanzamiento donde voy a admitir solamente a 50 personas, porque es un entrenamiento personalizado.*

Lo voy a entregar por medio de Webinars, porque —esto no lo vamos a decir, pero lo estoy pensando porque no tengo el producto hecho—, *lo voy a entregar por medio de Webinars y no quiero que estos Webinars sean con 500 personas y que unos estén distrayendo a otros, quiero personas enfocadas, quiero trabajar con este grupo privado de personas.*

Entonces solamente va a estar abierta para 50 personas, si quieres ser una de estas 50 personas, suscríbete, aquí debajo de este vídeo hay una lista que dice lista de notificación temprana.

Te voy a avisar una hora antes de que abra las puertas y tú vas a poder ser una de las 50 personas que trabajen mano a mano conmigo para tener su embudo de lanzamiento súper perpetuo.

Si te gustó esa información, si te han gustado todos estos vídeos y antes de que los retire del aire, por favor, compártelo, compártelo en Facebook, en YouTube, en donde estés viendo esto, para que más personas acaben viendo estos vídeos antes de que los retire.

Y si piensas que esto es para ti, si piensas que soy la persona que te puede ayudar con esto, suscríbete para que puedas ser una de las 50 personas que entre en mi entrenamiento y ya te enterarás entre dos días de qué va, muchas gracias, tu amigo Helio Laguna, chao, chao."

Bueno, ahí lo tienes, la única diferencia entre el vídeo dos y el vídeo tres es que aquí ya hablas del producto, marcando escasez y el llamado a la acción.

Puedes pedirles también que digan más objeciones, que te hablen de más problemática que tengan, pero además que compartan también como ya lo han venido haciendo, para más llamado a la acción.

El llamado a la acción es que se suscriban a la lista de notificación temprana, en eso cambia el vídeo tres, del vídeo dos y esos dos vídeos cambian casi nada con el vídeo uno y también agradecemos y recapitulamos.

Dónde enfocar cada una de las piezas

Vamos a hablar de dónde se enfocan cada una de estas fuentes de estas piezas de contenido para que tú trates de apegarte lo más posible, si no se puede no hay problema de cualquier forma va a funcionar.

En el vídeo número uno trata de hablar del porqué de la oportunidad, por qué hacer lanzamientos, por qué vender con Email Marketing si lo que haces es un entrenamiento de Email Marketing, por qué bajar de peso si tu producto es para bajar de peso, por qué es mejor tener menos peso que tener más peso...

Las razones son obvias, pero por qué lanzamientos, por qué Email Marketing, por qué aprender a ser un afiliado, por qué la gran oportunidad.

Entonces esto es la oportunidad, enseñar en base a la gran oportunidad que existe o responder a la palabra "por qué", "¿por qué capacitarte como coach de seguridad?

¿Por qué?

Porque tienes que estar mentalmente sano, porque tu trabajo es estresante, porque la gran oportunidad que existe para hacer coach que entrene en momentos de seguridad.

El vídeo números dos es la transformación, habla acerca de la transformación y responde a la pregunta "qué"...

Y el vídeo número tres responde a la pregunta, cómo, qué hacer en este tipo de lanzamiento, qué hacer en este tipo de otro lanzamiento, qué va a pasar, te vas a transformar en una persona que no va a tener suscriptores, vas a transformar a una persona que va a transformar el no tener producto, ni suscriptores, ni dinero, en una oportunidad para tener un producto gracias al lanzamiento semilla.

Y el último vídeo es la experiencia, tratar de venderles la experiencia de qué se siente y respondo la pregunta de cómo hago el lanzamiento y ahí les enseño cómo hago un lanzamiento y les pude haber mostrado cómo grababa un lanzamiento en vivo desde el celular y ellos veían la experiencia conmigo en esa demostración y ellos pueden decir, bueno, pues yo saco mi celular y ahora grabo un vídeo.

Les pude haber pedido de llamado a la acción que grabaran uno de estas piezas de contenido y las subieran a YouTube y les iba a dar un premio, o algo, un acceso a mi entrenamiento.

Entonces, la experiencia de que ellos vean con sus propios ojos, que ellos sientan la experiencia, sientan que lo puedan hacer.

Trata en la medida de lo posible de enfocar tus vídeos respondiendo, este vídeo responde a la pregunta por qué gran oportunidad, por qué, que tú puedes hacer esto, esto y esto.

¿Cómo?

Así puedes hacer paso a paso cada una de estas cosas que puedes hacer, si esto te va a detener, olvídalo.

Tienes que tomar acción, lo vimos en el caso de estudio de Mario Esquivel, cómo no lo detuvieron ese tipo de cosas, cómo él simplemente vio casos de estudio, vio sus contenidos y tiene un lanzamiento rentable, pero si quieres enfocarte a eso, lo que tienes es que tratar de enfocar tu contenido para responder por qué es una gran oportunidad, el cómo, el qué y el cómo.

LOS MEDIOS DE PROMOCIÓN DE LOS LANZAMIENTOS

En este capítulo vamos a ver los medios de promoción para crear, para promocionar estos lanzamientos.

Se dividen básicamente en los siguientes o los podemos agrupar en los siguientes: una lista de suscriptores (y ya la tienes), tú puedes hacer un lanzamiento únicamente basado en una lista de suscriptores; redes sociales, y ya hablamos sobre Facebook, hay una página de fans, hay grupos, hay tu perfil personal, hay Messenger, etc. Google plus, etc. Con Facebook puedes hacer transmisiones de Facebook Live. Afiliados y referidos directos.

¿Qué son referidos directos?

Son contactos que ya tienes ahí en tu WhatsApp, amigos, de los cuales tienes su correo, a los que les puedes enviar un mensaje de WhatsApp, les puedes enviar un mensaje en Messenger, ya sabes que les podría interesar estas cosas.

Por ejemplo, yo hago un producto y le mando un mensaje a Pedro: *"joder, qué no has visto que estoy vendiendo esto, por qué no lo has comprado"*, y Pedro va y lo compra.

Ese tipo de referidos directos, personas que sabes que confían en ti, que sabes que están consumiendo productos de información y que les puede interesar este producto de información.

Lista de suscriptores, no hay nada más que agregar, redes sociales, las que identificaste en tu inventario de recursos; afiliados, puedes contactar afiliados y hacer entonces lanzamientos con afiliados, tanto el lanzamiento grande con afiliados, lanzamiento rotativo con afiliados, o un lanzamiento invertido con afiliados y referidos directos, personas de tu confianza que las puedes contactar por cualquier medio.

En el lanzamiento del club de marketing global iba perdiendo creo que por 20 ventas y el último día, utilizando referidos directos, únicamente me puse a contactar personas en WhatsApp o en Facebook a personas que yo sabía que les gusta comprar productos de información y que confían en mí, para decirles que hoy es el último día, estoy promocionando esto, tengo que hacer 20 ventas, quieres llevarte esto y te doy el bono que me pidas, o te doy el bono tal, pero si quieres otro bono dímelo y te lo doy, hice que 25 personas de estos, bueno alrededor de 20 referidos directos y 5 por email, me compraran y con esto me quité esa desventaja de 20 ventas y fui el afiliado número uno de ese lanzamiento apalancándome de esto de referidos directos y tú también lo puedes hacer.

Cómo monitorear los medios de promoción

Tú tienes que monitorear los medios de promoción.

Por ejemplo, a través de un plugin que se llama *anti afiliado links*, que te permite saber cuántos clics está teniendo cada medio de promoción y tú puedes irte al detalle, puedes hacer una transmisión de Facebook Live y hacer un enlace especial para esa transmisión de y saber o no si esa transmisión te dejó dinero.

Puedes hacer otro para WhatsApp, puedes hacer otra para tu fan page tal, otra para el grupo tal y así monitorear las ventas de cada medio de promoción.

Tú tienes que saber de dónde viene tu tráfico y, más importante que eso, de dónde vienen tus ventas para que puedas escalarlas.

Si te estás dando cuenta de que tus ventas vienen de páginas de fans, hacer más alianzas con personas que tienen páginas de fans para lograr más ventas; si te estás dando cuenta de que tus ventas vienen de email marketing, enviar dos correos electrónicos en lugar de uno y apalancar las ventas.

Tienes que darte cuenta de dónde viene el tráfico y de dónde vienen las ventas.

RECOMENDACIONES FINALES

Lleva la mayor cantidad de personas a todas las fases de embudo de tu lanzamiento, ya que conoces estas fases, lleva la mayor cantidad de personas que puedas.

Nunca, nunca, nunca des por sentado que han visto todas las fases, recapitula siempre, ya vimos qué recapitular en los vídeos dos y tres, pero además en tus lanzamientos paralelos vas a recapitular: *"Si recuerdas, en el Webinar de ayer te enseñé cómo salir de deudas con la estrategia de la bola de nieve, en este Webinar vamos a ver cómo la fórmula de la abundancia..."* y recapitula siempre.

"Si recuerdas, en la transmisión de Facebook Live de ayer, te enseñé cómo ganar dinero sin dinero en bienes y muebles, con la estrategia tres remodela y vende sin vender, en esta transmisión de Facebook Live vamos a ver cómo ganar dinero con la estrategia número cuatro que es tal y tal..."

Siempre recapitula, no des por sentado que vieron el contenido anterior.

Algo que hago mucho con mi correo es: *"Te dejo con mi correo de ayer por si no lo viste"*.

O sea, doy un correo nuevo, pero les dejo en la postdata el correo de ayer por si no lo vieron, siempre estoy recapitulando.

Tú tienes que hacer lo mismo, tienes que asegurarte de que vean tus tres piezas de contenido para que tengan toda la historia completa.

Recuerda que tus tres piezas de contenido son las que van a hacer la venta.

Algo que va a hacer que si tu vídeo de venta es horrible, de todas formas compren, porque ya confían en ti, porque les diste contenido de valor, porque ya te posicionaste, porque ya manejaste las objeciones, porque ya te ven como un experto, porque ya les demostraste que eres un experto, etc., etc., etc.

Nunca te rindas, nunca sueltes un lanzamiento.

¿Qué hizo Mario Esquivel cuando vio que en su lista de notificación temprana se registraron 200 y nada más compraron dos?

No se rindió y siguió adelante.

¿Qué es lo que pasa?

En el club de inversionistas, que fueron más de mil ventas, abrieron las puertas y el primer día compraron parece ser que 5 o 10 personas, no se rindieron, inmediatamente empezaron con el seguimiento y llegaron a más de 1.000 ventas, y estamos hablando de 1.000 ventas de un programa de re facturación de 147 $ al mes.

Así que, haz tus cuentas de cuánto dinero ganaron gracias a que no se rindieron, y este no rendirse tienes que trasmitirlo a tus afiliados; en caso de que estés haciendo un lanzamiento con afiliados, que desde hoy te digo ya, borra eso de tu cabeza, nunca, nunca te detengas de hacer un lanzamiento por no tener afiliados, ya conoces 10 estrategias de lanzamientos, 8 de ellas no requieren de afiliados, tú has tus lanzamientos tengas o no afiliados.

Promueve cada día con mayor intensidad, con mayor y mayor intensidad. Si viste que ya lo diste todo, al día siguiente recapitula lo que diste, pero vas a hacer un esfuerzo aún mayor, cada vez tienes que aumentar la intensidad, no bajarla, sino al contrario aumentarla y tu lanzamiento va a ser exitoso.

Agrega más y más bonos, ya vimos el seguimiento, tienes que apilar estos bonos, y decir: *"Hoy te regalo el bono este, pero recuerda que también te regalo el de mañana y recuerda que también te regalo los tres bonos que te hablé al inicio, el bono sorpresa y el mega bono y más bonos".*

¿Cómo iniciar?

Esta es la secuencia de secuencias: Inicias con un lanzamiento semilla y así creas tu producto, te obligas a crear a tu producto y terminas con una lista de suscriptores.

Puedes utilizar las redes sociales y si te es posible usas publicidad, si te permite el dinero usas publicidad, y también le avisas a referidos directos, ya sabemos personas que te conocen, que confían en ti, personas que tú sabes que compran todo.

Terminarás con tu producto hecho con tus suscriptores y, además, con prueba social: te van a conocer, van a decir que tú sabes hacer lanzamientos, te van a conocer como un experto en algo.

Antes del lanzamiento nadie sabía que eras experto en nada, ahora que hiciste un lanzamiento, que educaste, ahora todos saben que hiciste un lanzamiento.

Comienzas con un lanzamiento semilla, después un lanzamiento interno, usas tu lista de suscriptores.

¿Cuál?

La que creaste.

Utiliza redes sociales, como ya ganaste dinero, no tienes pretexto para no invertir en publicidad y continuar creciendo la lista, sigues avisando a referidos directos, vas a terminar con estadísticas y pruebas para recabar afiliados, es decir: *"ya hice un lanzamiento interno, hice cien ventas de 500 $, toda una máquina de dinero, lo quieres promover, aquí están los enlaces y todo."*

Y ese es el lanzamiento con afiliados, así escalas las ventas y puedes terminar con una lista de suscriptores más grande y además, un poco mejor calificados que suscriptores de publicidad.

Pero además, tienes que usar tu propia lista, tienes que hacer todos los lanzamientos paralelos en todas las redes sociales que tengas, vas a utilizar aquí el componente de las listas de otros.

Usa publicidad, sé la inspiración para otros, para que ellos también utilicen publicidad, tú también usa publicidad, además, aprovecha la gran bulla para que también ganes dinero vendiendo con publicidad.

No dejes de avisar a referidos directos.

Vas a terminar con una gran lista de suscriptores y con un reconocimiento, ahora sí, mundial en todo el mercado, ya te recomendó, no sé, un "Álvaro Mendoza" y ahora te conocen todos los suscriptores de él, y te recomendó un "Helio Laguna" y ahora te reconocen los suscriptores de él, etc.

El relanzamiento hazlo siempre después de todos los lanzamientos anteriores, siempre, siempre utiliza el relanzamiento después de cualquier tipo de lanzamiento.

Haz el relanzamiento y avísale a todo el mundo y a su hermano, listas tuyas, de otros, de publicidad, referidos, vas a terminar con más ventas, eliminarás el paradigma de que todos ya compraron y vas a hacer más suscriptores en esos tres días que relanzas.

Lanzamiento rápido, esto es en cualquier momento, usas tu lista y redes sociales, lanzamientos y referidos directos, venta de día de reyes magos, venta de mi cumpleaños: *"Durante 24 horas vas a poder comprar mi entrenamiento a mitad de precio".*

Esto es dinero rápido y vas a ganar dinero siempre de tu lista y los comerciantes ya allanaron el camino para nosotros, ya inventaron que prácticamente todos los días del año hay algo que celebrar, entonces tú solo apaláncate de eso, Black Friday, lunes negro, buen fin, día de la madre, del padre, del hijo, del espíritu santo, de todo. Tú haces un lanzamiento celebrando todos esos días.

Lanzamiento rotativo, este lo puedes hacer en cualquier momento, usas tu lista y listas de afiliados, es dinero rápido y suscriptores en cualquier momento, ya con pruebas de que hiciste tu lanzamiento interno, muéstrales estas evidencias y muchas personas van a querer promover lo tuyo.

Lanzamiento perpetuo: una vez que tienes un webinar ganador, lo dejas en modo perpetuo, usas publicidad y tienes allí una máquina de dinero que todos los días está generando dinero para ti.

Lanzamiento invertido, hazlo también, pruébalo, ajusta tu lista, usa redes sociales, puedes usar afiliados, referidos directos, puedes invertir en publicidad, recuerda que hoy por hoy la mayoría de las ventas están en el seguimiento, entonces tiene mucho sentido utilizar este lanzamiento invertido, además es más sencillo que el otro.

El lanzamiento súper perpetuo: todo el tiempo estoy vendiendo mi lista y en redes sociales, crea para ti este sistema de negocios, que todos los días vendas. Cinco, diez ventas de lo que quieras, que todo el tiempo puedas estar vendiendo.

En resumen, ya te mostré cómo funciona uno de mis sistemas de generación de ingresos, ganando dinero haciendo lanzamientos.

Al momento de escribir este libro tengo doce sistemas con los que genero ingresos de forma predecible y el que menos ingresos me genera son 1.500 $ al mes, pero son ingresos pasivos, no tengo que hacer absolutamente nada y es la venta de libros en la plataforma de Amazon, no tengo que hacer más que subir el libro y el libro se vende.

Espero que pongas en marcha cuanto antes todo lo que te acabo de revelar en este libro y saber de tus Éxitos en muy poco tiempo.

No lo dudes, la información sin acción es entretenimiento.

Tu amigo,

Helio Laguna

www.ingramcontent.com/pod-product-compliance
Lightning Source LLC
Chambersburg PA
CBHW070120210526
45170CB00013B/829